RÈGLEMENT

D'ADMINISTRATION PUBLIQUE

SUR

LA RELÉGATION

(26 Novembre 1885).

PARIS

LIBRAIRIE COTILLON

F. PICHON, Sʳ, IMPRIMEUR-ÉDITEUR,

Libraire du Conseil d'État

24, RUE SOUFFLOT, 24

1885

RÈGLEMENT

D'ADMINISTRATION PUBLIQUE

SUR

LA RELÉGATION

(26 Novembre 1885).

BIBLIOTHÈQUE NATIONALE — R. F. — IMPRIMÉS

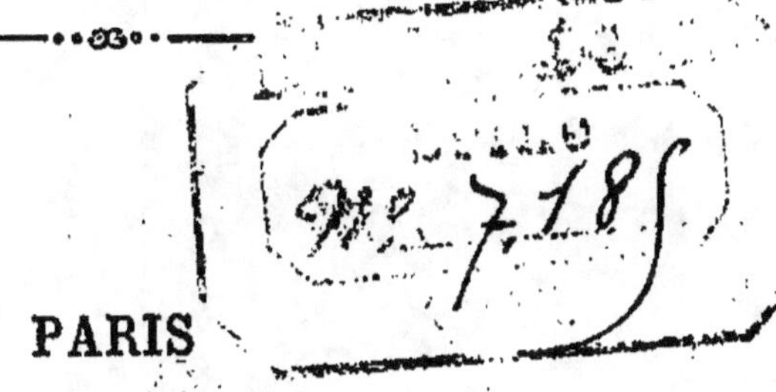

PARIS

LIBRAIRIE COTILLON

F. PICHON, Sr, IMPRIMEUR-ÉDITEUR,

Libraire du Conseil d'État

24, RUE SOUFFLOT, 24

—

1885

RÈGLEMENT

D'ADMINISTRATION PUBLIQUE

SUR

LA RELÉGATION

TITRE Ier.

ART. 1er. La relégation est individuelle ou collective.

2. La relégation individuelle consiste dans l'internement, en telle colonie ou possession française déterminée, des relégués admis à y résider en état de liberté, à la charge de se conformer aux mesures d'ordre et de surveillance qui seront prescrites en exécution de l'article 1er de la loi du 27 mai 1885. Ces relégués sont soumis dans la colonie au régime du droit commun et aux juridictions ordinaires. — Sont admis à la relégation individuelle, après examen de leur conduite, les relégables qui justifient de moyens honorables d'existence notamment par l'exercice de professions ou de métiers, ceux qui sont reconnus aptes à recevoir des concessions de terre et ceux

qui sont autorisés à contracter des engagements de travail ou de service pour le compte de l'Etat, des colonies ou des particuliers.

3. La relégation collective consiste dans l'internement, sur un territoire déterminé, des relégués qui n'ont pas été, soit avant, soit après leur envoi hors de France, reconnus aptes à bénéficier de la relégation individuelle. — Ces relégués sont réunis dans des établissements où l'administration pourvoit à leur subsistance et ils sont astreints au travail. — Ils sont justiciables, pour la répression des crimes ou délits, d'une juridiction spéciale qui sera organisée par un règlement d'administration publique.

4. La relégation individuelle sera subie dans les diverses colonies ou possessions françaises. — La relégation collective s'exécutera dans les territoires de la colonie de la Guyane et, si les besoins l'exigent, de la Nouvelle-Calédonie ou de ses dépendances, qui seront déterminés et délimités par décrets. — Des règlements d'administration publique pourront désigner ultérieurement d'autres lieux de relégation collective. — Il peut être envoyé temporairement, sur le territoire des diverses colonies, des groupes ou détachements de relégués à titre collectif, pour être employés sur les chantiers de travaux publics. — La désignation des colonies où seront envoyés ces relégués, des travaux en vue desquels aura lieu cet envoi, l'organisation des groupes et détachements seront déterminées par décrets rendus en Conseil d'Etat.

5. Les mêmes établissements et les mêmes circonscriptions territoriales ne doivent en aucun cas, être affectés concurremment à la relégation collective et à la transportation.

6. Il est procédé pour l'admission au bénéfice de la relégation individuelle de la manière suivante : — Le parquet près la cour ou le tribunal ayant prononcé la relégation, le préfet du département où résidait le relégable avant sa dernière condamnation, le directeur, soit de l'établissement, soit de la circonscription pénitentiaire où le relégable se trouvait détenu en dernier lieu, sont appelés à donner leur avis. — Des médecins, désignés par le ministre de l'intérieur, examinent l'état de santé et les aptitudes physiques du relégable et consignent leurs constatations et leurs avis dans des rapports. — Le dossier est transmis à une commission spéciale, dite « commission de classement, » sur les propositions de laquelle le ministre de l'intérieur statue définitivement.

7. La commission de classement est constituée par décret sur le rapport du ministre de l'intérieur, après entente avec ses collègues de la justice et de la marine et des colonies. — Elle est composée de sept membres : — Un conseiller d'Etat élu par les conseillers d'Etat en service ordinaire, président ; — Deux représentants de chacun des trois départements de la justice, de l'intérieur et de la marine et des colonies. — La commission élit son vice-président. —

Un secrétaire, désigné par le ministre de l'intérieur, est chargé de la rédaction des procès-verbaux et de la conservation des archives. — La commission ne peut délibérer que lorsque quatre de ses membres au moins sont présents. — Les délibérations sont prises à la majorité des voix ; en cas de partage, la voix du président est prépondérante.

8. En ce qui concerne les condamnés dont la peine a été subie dans une colonie, il est statué définitivement par décision du ministre de la marine et des colonies, après avis du gouverneur et du conseil de santé, sur les propositions d'une commission de classement nommée par le gouverneur. Cette commission est composée : d'un magistrat, président, et de deux membres chargés de représenter, l'un la direction de l'intérieur, et l'autre le service pénitentiaire.

9. Lorsqu'un relégué, subissant la relégation collective, se trouve dans les conditions énoncées dans l'article 2 du présent décret, il peut demander à être admis au bénéfice de la relégation individuelle. Cette demande est soumise à la procédure réglée par l'article 8 et transmise au ministre de la marine et des colonies qui statue définitivement. Cette décision est portée à la connaissance du ministre de la justice et du ministre de l'intérieur.

10. Le bénéfice de la relégation individuelle peut être retiré au relégué : 1° en cas de nouvelle condamnation pour crime ou

délit ; 2° pour inconduite notoire ; 3° pour violation des mesures d'ordre et de surveillance auxquelles le relégué est soumis ; 4° pour rupture volontaire et non justifiée de son engagement ; 5° pour abandon de sa concession. — Le retrait est prononcé définitivement par le ministre de la marine et des colonies, sur la proposition du gouverneur, après avis de la commission instituée par l'article 8. Cette décision est portée à la connaissance du ministre de la justice et du ministre de l'intérieur.

11. Avant le départ des relégués, le ministre de l'intérieur peut, en cas d'urgence et à titre provisoire, les dispenser de la relégation, pour cause de maladie ou d'infirmité, sur le rapport du directeur de l'établissement ou de la circouscription pénitentiaire et après avis des médecins chargés du service de santé. La dispense, conférée à titre provisoire, ne peut durer plus d'une année. Elle ne peut être renouvelée qu'après avis de la commission de classement instituée par l'article 7. — La dispense ne peut être accordée à titre définitif qu'après l'instruction spéciale prévue à l'article 6 et sur avis conforme de la commission de classement.

TITRE II.

MESURES D'EXÉCUTION EN FRANCE.

ART. 12. Il est statué par le ministre de l'intérieur, après avis du ministre de la justice, sur la situation des relégables avant qu'ils soient envoyés hors de France, notamment en ce qui concerne leur placement dans les pénitenciers spéciaux, créés en vertu de l'article 12 de la loi du 27 mai 1885.

13. Les individus condamnés à la relégation qui sont maintenus, pendant tout ou partie de la durée des peines à subir avant leur envoi hors de France, dans les divers établissements pénitentiaires normalement destinés à l'exécution de ces peines, doivent être séparés des détenus non soumis à la relégation.

14. Les mesures d'ordre à prescrire dans les divers établissements pénitentiaires ordinaires pour préparer les condamnés à la relégation sont déterminées par décisions ministérielles.

15. Les relégables qui subissent tout ou partie de leur peine dans les pénitenciers spéciaux créés en vertu de l'article 12 de la loi du 27 mai 1885, y sont préparés à la vie coloniale. Ils sont soumis au travail dans des ateliers ou chantiers organisés autant que possible en vue d'un apprentissage industriel ou agricole. — Ils peuvent être répartis en groupes et en détachements d'ouvriers ou de pionniers pour l'emploi éventuel de leur main-d'œuvre aux colonies. — Aucun contact ne doit exister entre les relégables et la population libre. — Le temps de séjour dans les pénitenciers spéciaux est compté pour l'accomplissement des peines à subir avant l'envoi en relégation.

16. La création et l'installation de chacun de ces établissements, l'affectation des

emplacements, des bâtiments, des domaines et terrains nécessaires sont ordonnées par décrets, après avis du conseil supérieur des prisons. — Les pénitenciers spéciaux relèvent de l'administration pénitentiaire métropolitaine, sont placés sous l'autorité du ministre de l'intérieur et soumis aux mêmes conditions générales de gestion et de contrôle que les autres établissements pénitentiaires.

17. La répartition et le classement des relégables dans les pénitenciers sont effectués d'après leur conduite, leurs antécédents, leurs aptitudes et leur destination éventuelle. — Il sera tenu compte, dans le règlement intérieur, des différences de traitement qu'implique la nature même de la peine restant à subir aux condamnés avant la relégation, sans qu'il y ait à séparer nécessairement ceux qui, par la dernière condamnation encourue, appartiennent à des catégories pénales différentes. — Toutefois les relégables, qui subissent dans les pénitenciers spéciaux la peine des travaux forcés, ne peuvent être mis en commun, pendant la durée de cette peine, avec les relégables appartenant à d'autres catégories pénales.

18. Les relégables ayant accompli la durée des peines à subir avant la relégation peuvent être maintenus en dépôt dans les établissements pénitentiaires ordinaires ou dans les pénitenciers spéciaux jusqu'à leur départ pour les lieux de relégation, notamment pendant l'instruction sur les causes de dispense et pendant la durée des dispenses accordées à titre provisoire.

19. Les relégables maintenus en dépôt sont astreints aux conditions de discipline et de travail arrêtées pour chaque établissement, mais avec les différences de régime que comporte leur situation comparée à celle des condamnés relégables en cours de peine. — Il est tenu compte à chacun des relégables maintenus en dépôt de la valeur du produit de son travail, déduction faite d'une part à retenir à titre de compensation pour les dépenses occasionnées par lui dans l'établissement, notamment pour son entretien, et sous réserve des prescriptions réglementaires concernant le mode d'emploi du pécule ainsi que la disposition de l'avoir. — La retenue ne peut dépasser le tiers du produit du travail.

20. Il sera organisé, comme pénitenciers spéciaux de relégation pour les femmes, des établissements ou quartiers distincts, dans lesquels la discipline, le régime et les travaux seront appropriés à leur situation, d'après les règles générales édictées au présent décret.

21. Les décrets et arrêtés réglementaires nécessaires à l'exécution des articles 14, 15, 19 et 20 ne seront rendus qu'après avis du conseil supérieur des prisons.

22. Le transfèrement des relégables aux colonies avant l'expiration des peines à subir en France conformément à l'article 12 de la loi du 27 mai 1885, est autorisé par le ministre de l'intérieur, après avis du ministre de la justice et du ministre de la marine et des colonies.

23. Dans tous les cas où il y a lieu d'effectuer le transfèrement des relégables hors de France, les décisions dont ils ont été l'objet sont transmises au ministre de la marine et des colonies. — Celui-ci, après avis du ministre de l'intérieur et de la commission de classement instituée par l'article 7, désigne soit le territoire où doit être envoyé chaque condamné soumis à la relégation collective, soit la colonie ou la possession française où sera interné le condamné admis au bénéfice de la relégation individuelle.

24. Les décisions du ministre de la marine et des colonies et du ministre de l'intérieur sont notifiées aux condamnés. Ceux qui sont admis à la relégation individuelle reçoivent en outre notification des mesures d'ordre et de surveillance qui feront l'objet d'un règlement ultérieur, conformément à l'article 1 de la loi du 27 mai 1885.

25. Les opérations et les époques d'embarquement des relégables sont arrêtées de concert entre les ministres chargés de l'exécution de la loi.

26. Le ministre de la marine et des colonies fournit tous les six mois au ministre de l'intérieur, pour chacune des colonies ou possessions françaises, des renseignements et documents permettant d'établir les offres et les besoins de travail qui se produisent, ainsi que le nombre et les catégories de relégables qui peuvent trouver emploi dans les services, ateliers, exploitations ou chantiers soit publics, soit particuliers.

TITRE III.

MESURES D'EXÉCUTION AUX COLONIES.

27. Après leur embarquement et jusqu'à leur arrivée aux lieux de rélégation, les relégables sont maintenus en état de dépôt. Ils sont eu outre soumis aux conditions d'ordre et aux règles disciplinaires déterminées par le ministre de la marine et des colonies. — Lorsque l'envoi hors de France précède l'expiration des peines, la durée du transfèrement est comptée pour l'accomplissement de ces peines.

28. A leur arrivée ou durant leur séjour dans la colonie, les femmes envoyées en rélégation individuelle peuvent, soit sur leur demande, soit d'office, lorsque des moyens honorables d'existence leur font défaut, être placées dans des maisons d'assistance et de travail où il est pourvu à leurs besoins. — Elles peuvent y être maintenues jusqu'à ce qu'elles aient trouvé à s'engager ou à s'établir dans des conditions suffisantes de bon ordre et de moralité.

29. Un arrêté du gouverneur, approuvé par le ministre de la marine et des colonies, déterminera les facilités à donner aux femmes reléguées pour se procurer du travail et des moyens d'établissement dans la colonie. — Un règlement d'administration publique fixera les avantages particuliers qui pourront leur être accordés en argent ou en coucessions de terre, en avances de premier établissement, en dons ou prêts d'outils, d'ins-

truments et de tous objets nécessaires à une exploitation commerciale, industrielle ou agricole. Ces divers avantages pourront être consentis, tant au profit des conjoints et des enfants à naître, qu'au profit des femmes reléguées.

30. Les femmes qui ont été envoyées en relégation collective peuvent obtenir les facilités et avantages ci-dessus, lorsqu'elles justifient d'une bonne conduite et d'aptitudes suffisantes.

31. Il sera organisé, sur les territoires affectés à la relégation collective, des dépôts d'arrivée et de préparation où seront reçus et provisoirement maintenus les relégués à titre collectif. — Ces dépôts pourront comprendre des ateliers, chantiers et exploitations où seront placés les relégués pour une période d'épreuves et d'instruction. — Les relégués y seront formés, soit à la culture soit à l'exercice d'un métier ou d'une profession, en vue des engagements de travail ou de service à contracter et des concessions de terre à obtenir selon leurs aptitudes et leur conduite.

32. Les relégués qui n'ont pas été admis à la relégation individuelle, soit avant leur départ de France, soit pendant leur séjour dans les dépôts de préparation, sont envoyés dans des établissements de travail. — Ces établissements peuvent consister en ateliers, chantiers de travaux publics, exploitations forestières, agricoles ou minières. Les relégués sont répartis entre ces établissements d'après leurs aptitudes, leurs connaissances,

leur âge et leur état de santé. L'administration peut toujours les admettre, sur leur demande, à revenir dans les dépôts de préparation pour une nouvelle période d'épreuve et d'instruction.

33. Sur autorisation du gouverneur et sous les conditions fixées par lui, dans des règlements transmis immédiatement au ministre de la marine et des colonies et communiqués aux ministres de la justice et de l'intérieur, des établissements, exploitations et domaines particuliers peuvent être assimilés aux établissements publics que mentionne le précédent article pour fournir du travail et des moyens de subsistance aux condamnés soumis à la relégation collective. — Il peut, en conséquence, être envoyé et maintenu dans ces établissements privés des groupes ou détachements de relégués qui demeurent placés sous la surveillance des agents de l'Etat et qui sont soumis au même régime et aux mêmes règles disciplinaires que dans les établissements publics de travail.

34. Les relégués qui, sans avoir perdu le bénéfice de la relégation individuelle, en vertu de l'article 10 du présent décret, se trouvent dans l'impossibilité de pourvoir à leur subsistance, peuvent, sur leur demande, être temporairement employés par les soins de l'administration dans des exploitations, ateliers ou chantiers.

35. Les relégués qui sont employés dans un des établissements affectés à la relégation collective sont rémunérés en raison de leur travail, sous réserve d'une retenue à

opérer pour la dépense occasionnée pour chacun d'eux, notamment pour les frais d'entretien. Cette retenue ne peut excéder le tiers du produit de la rémunération.

36. Les relégués placés dans un de ces mêmes établissements peuvent recevoir du dehors des offres d'occupation et d'emploi et justifier d'engagements de travail ou de service pour être autorisés à quitter l'établissement. — Ils peuvent de même être admis à bénéficier de concessions de terre, à raison de leur conduite et de leurs aptitudes. — Les autorisations d'engagement et les concessions n'entraînent pas de plein droit l'admission au bénéfice de la relégation individuelle, qui doit être demandée et obtenue conformément à l'article 9 du présent décret.

37. Les peines de la réclusion et de l'emprisonnement prononcées contre des relégués pour crimes ou délits, par quelque juridiction que ce soit, doivent être subies sans délai, à défaut de prisons proprement dites, dans des locaux fermés, spécialement destinés à cet effet, sans réunion ou contact des condamnés ni avec la population libre ni avec les relégués non condamnés.

38. Les châtiments corporels sont et demeurent interdits à l'égard des relégués.

39. Les commissions de classement, instituées par les articles 7 et 8 du présent décret, sont appelées à donner leur avis avant qu'il soit statué sur la situation des relégués et sur les mesures qui les concernent, spé-

cialement aux cas prévus par les articles 34 à 36. — Le conseil de santé de la colonie est consulté sur toutes les questions intéressant le régime et l'hygiène des relégués.

40. Les relégués ont toujours le droit d'adresser leurs demandes et réclamations par plis fermés, soit aux autorités administratives ou judiciaires de la colonie où ils sont internés, soit aux ministres de la marine et des colonies et de la justice. — Ces demandes et réclamations doivent être transmises indistinctement et sans retard à destination par les soins des fonctionnaires et agents chargés des services de la relégation.

41. Les ministres de la justice, de l'intérieur, de la marine et des colonies sont chargés, chacun en ce qui le concerne, de l'exécution du présent décret, qui sera inséré au *Bulletin des lois*, au *Bulletin officiel* de la marine et aux journaux officiels de la métropole et des colonies.

Paris. — Imp. F. Pichon, 30, rue de l'Arbalète, et 24, rue Soufflot.

A LA MÊME LIBRAIRIE

Loi du 5 avril 1884 sur l'Organisation municipale. 1 broch. in-32............ 50 cent.

Texte du Concordat et des articles organiques. 1 broch. in-32............... 50 cent.

Texte de la loi du 8 décembre 1883, relative à l'élection des juges consulaires. 1 broch. in-32...................... 50 cent.

Texte de la loi sur le divorce, 1 broch. in-32............................ 25 cent.

Texte de la loi sur les récidivistes, 1 broch in-32............................. 25 cent.

Texte de la loi sur la récidive, 1 broch. in-32............................ 25 cent.

Texte de la loi sur l'hypothèque maritime, 1 broch. in-32...................... 25 cent.

LOUIS TRIPIER

LES CODES FRANÇAIS
Collationnés sur les textes officiels
LES SEULS OÙ SONT RAPPORTÉS
LES TEXTES DU DROIT ANCIEN ET INTERMÉDIAIRE
NÉCESSAIRES A L'INTELLIGENCE DES ARTICLES

Trente-sixième édition.

CES CODES SONT PUBLIÉS DANS LES FORMATS SUIVANTS :		CODES IN-32 SÉPARÉMENT :	
Grand in-8 raisin...	20 fr.	Code civil et Constit.	1 50
— 1/2 rel. ch.	23 »	Code de procédure et Tarifs civils.........	1 50
Les mêmes, 1 vol. in-32 (édit. diamant)	6 »	Code de comm. et Soc.	1 50
— 1/2 rel. ch.	7 50	Codes pénal, d'Instruction criminelle et Tarifs.............	1 50

NOTA. — Trois bons fixés en regard du titre de chaque exemplaire des Codes format in-8 donnent droit de retirer, pendant 3 ans, les suppléments publiés chaque année.

Paris. — Imp. F. PICHON, 24, rue Soufflot.

www.ingramcontent.com/pod-product-compliance
Lightning Source LLC
LaVergne TN
LVHW021759030726
842523LV00003B/1103